10分钟读懂
沟通智慧

周常　朱正华　郭耀纯◎著

中华工商联合出版社

图书在版编目（CIP）数据

10分钟读懂沟通智慧 / 周常，朱正华，郭耀纯著. -- 北京：中华工商联合出版社，2025. 5. -- ISBN 978-7-5158-4251-6

Ⅰ．C912.11-49

中国国家版本馆CIP数据核字第2025CV4116号

10分钟读懂沟通智慧

作　　　者：	周　常　朱正华　郭耀纯
出 品 人：	刘　刚
图 书 策 划：	蓝色畅想
责 任 编 辑：	吴建新　林　立
装 帧 设 计：	胡椒书衣
责 任 审 读：	付德华
责 任 印 制：	陈德松
出 版 发 行：	中华工商联合出版社有限责任公司
印　　　刷：	北京毅峰迅捷印刷有限公司
版　　　次：	2025年5月第1版
印　　　次：	2025年5月第1次印刷
开　　　本：	710mm×1000mm　1/16
字　　　数：	197千字
印　　　张：	14.5
书　　　号：	ISBN 978-7-5158-4251-6
定　　　价：	56.00元

服务热线：010-58301130-0（前台）

销售热线：010-58302977（网店部）
　　　　　010-58302166（门店部）
　　　　　010-58302837（馆配部、新媒体部）
　　　　　010-58302813（团购部）

地址邮编：北京市西城区西环广场A座
　　　　　19-20层，100044

http://www.chgscbs.cn

投稿热线：010-58302907（总编室）

投稿邮箱：1621239583@qq.com

工商联版图书

版权所有　盗版必究

凡本社图书出现印装质量问题，请与印务部联系。

联系电话：010-58302915

前 言

每个人都有自己的沟通习惯，而且这些习惯往往伴随人们的一生，有的人很适应这个社会，有的人却因为自身的沟通习惯到处碰壁。在这个信息大爆炸的时代，沟通智慧显得越来越重要，甚至可以说懂沟通的人一帆风顺，不会沟通的人寸步难行。

懂沟通智慧的人能通过语言引导对方，并让事情向着自己期望的方向发展。然而，沟通的智慧并非你想要就能拥有。沟通能力是长期积累的结果，想要短期内提高，并娴熟地利用于各种场合中，似乎不太现实。

但是我们又迫不及待地想提高我们的沟通能力，怎么办呢？

我们只能通过大量的沟通案例进行强化练习，在练习的过程中逐渐领会沟通的智慧。当然，这个过程可能是比较煎熬的，因为要把你几十年的沟通习惯完全改掉，重新养成一套新的沟通习惯，这个目标是需要有足够的信心才能达成的。

本书并非万能的公式，只是协助你去改变以往不好的沟通习惯而已，更多的还是需要你依靠自身的毅力，配合本书的引导，才能逐渐形成新的沟通习惯。

本书从实际的沟通案例入手，用最简洁的语言告诉你，在什么样的情况下应该运用什么样的沟通方式。本书还特别人性化地配上了场景漫画，帮助你更好地理解沟通技巧和案例，让你的整个阅读过程变得更有趣。相信在本书的帮助下，你一定能在短时间内领会沟通智慧，并进一步形成新的更好的沟通习惯。

目 录

第一章
了解对方的心理，
做到针对性表达

看表情判断对方的心情，不要哪壶不开提哪壶 //2
什么氛围说什么话，别"独树一帜" //11
不同辈分的人，有不同的说话风格 //15
如果你们很陌生，要化解对方的防卫心理 //20

第二章
拒绝他人，
比你想得更重要

生硬拒绝，等于让自己多了一个"敌人" //26
换一个话题，沉默也是一种拒绝 //30
给对方台阶下，对方会理解你的拒绝 //34
找理由拒绝，要学会讲故事 //37
做出为难的表情，对方会知难而退 //40

第三章
说话要圆，
一根筋容易堵死自己

适时说"但是"，引导谈话方向 //44
凡事没有绝对，要给双方留个余地 //47
先说原因再说结果，让对方更容易接受 //50
幽默的比喻，让话题变得更有趣 //53
先除去多余的话题，再转入正题 //58

第四章
赞美人要真诚，
虚伪的夸奖让人反感

一个礼貌用词，让人如沐春风 //64

看准对方的需求，满足需求的赞美更能打动对方 //69

赞美式鼓励，使人的动力更足 //73

赞美人也要适度，无休止的赞美适得其反 //78

赞美人要带表情，敷衍的赞美是一种消耗 //83

第五章
叙述一件事，
要有始有终

说事情有条理，还要够生动 //90

个性化叙事，适合对方的才是最好的 //94

理清时间先后，叙述经过时就不会乱 //98

别把简单的事情说复杂，别让对方失去耐心了 //102

挑重点说，让人容易理解 //107

第六章
开场讲不好，
后续沟通更易失败

开场要吸引对方注意，不然后面的话都会成为"废话" //114

礼貌的开场永远都是正确的 //119

前面说一句"是这样的"，叙述会变得更有条理 //123

先要把称呼搞清楚 //127

"我来说两句"，这句话会起到明确作用 //132

第七章
前因后果叙述完，
要有一个良好收尾

说完话，不要忘了总结一下 //138

说完话要跟对方确认意见，这是尊重对方 //142

"最重要的是……"这句话起到点醒的作用 //146

让结尾更励志，往往能提高斗志 //150

以"总之"为结尾切入句式，使问题请晰化 //154

第八章
说话要大度，
对方才会跟你一起大度

视不同意见为眼中沙，是无法达成有效交流的 //160

回应他人的话，是对别人的尊重 //164

多肯定，如果想否定，一个"但是"即可挽回 //168

大度，并非无条件接受 //172

先把条件抬高，再大度地降低 //176

细节可以关注，不要"琐碎" //180

第九章
判别对方的谎言，
掌握背后的真相

看着对方说话，对方会因为说谎而改变姿态 //186

逻辑混乱的表达，很可能是谎言 //190

不敢多说自己，表明还藏着很多秘密 //194

寻本溯源，暗示已识破对方说谎的心理 //198

对方坐立不安，可能只是不够自信 //202

第十章
敬人在细节，
有礼有节

握手时，轻轻扶着对方的手腕表示照顾 // 208

谈话前后的手势，体现你的周到 // 212

提醒对方"小心台阶"，对方会瞬间感到温暖 // 217

讲究用词，不同的场合有不同的作用 // 221

第一章　了解对方的心理，做到针对性表达

《孙子兵法》中说："知己知彼，百战不殆。"原意是指如果将领对敌我双方的情况都能透彻了解，打仗就能处于不败之地。在今天，沟通同样是一场无形的"战争"。沟通中，你是否能得到想要的结果，要看你能否正确认识对方，能否了解对方的心理。

然而，现实情形往往并非如此，问题经常出在"知己而不知彼"，甚至"不知己也不知彼"上。大多数人在开口沟通时，想到的只是环境或自己，并没有理解对方怎么想。

如何才能摸清楚对方的心理？怎样才能针对性地说话？本章将为你揭示答案。

看表情判断对方的心情，不要哪壶不开提哪壶

在沟通中，说话和倾听固然重要，但和单调的语言比起来，面部表情、肢体动作能更直接准确地反映对方的情绪变化，这就需要沟通者"察言观色"。只有懂得观察表情，才能获得更有效的信息提示，避免"哪壶不开提哪壶"，让沟通走在正确的道路上。

有位优秀的英语培训专家，他在培训中非常擅长解读学员的表情。当学员表情呆滞，或者东张西望时，他就会适时说一段笑话，拉回学员的注意力。如果专家不会解读表情，也就难以实现培训目标了。

在普通社交场合，沟通者应重点留意负面情绪的相关表情，这类表情代表对方由于各种原因而抗拒沟通。以下几点可供参考：

眉毛上扬挤在一起时，代表担忧；

不断摸耳朵、摸头，代表想控制局面；

嘴唇紧紧地抿住，代表努力控制愤怒；

单侧嘴角下压，代表不耐烦；

低头同时嘴角下撇，代表自我怀疑；

不断眨眼睛，代表怀疑。

很多时候，对方并不会轻易暴露真实情绪，他们会对面部表情进行伪装。如果因此判断失误，沟通就会南辕北辙。

3

对方如果面无表情，可能会让人觉得他没有想法，或者是表示顺从同意，但这种面无表情其实是在压制想法。

沟通者要观察对方是否出现其他无意识的小动作，例如摆弄文件、手指交叉等，一旦发现这种行为，就不宜重复刚才的话，而应该转换话题或者等待对方的回应。

对方如果面带微笑，也不一定是真正的情感流露。分辨微笑表情的最好方法就是观察眉毛。当一个人真心微笑的时候，眉毛会有下压动作；当一个人假笑时，眉毛不会有什么变化。

表情不只限于面部，我们应更多留心肢体动作。当对方产生特定情绪时，大脑就会发出纤微的神经信号以支配身体不同部位，人们一般难以意识到这种信号，而肢体表情也因此具有更大的可靠性。通过观察肢体动作，我们能更加了解对方的真实感受。

对肢体表情的分析主要包括以下几点：

身体前倾，重心放到桌子上，表明对话题很有兴趣，反之则表明觉得无趣。

头部竖直，则情绪平稳；头部侧向一旁，表明有兴趣；头部后仰或者低头，表明持有否定想法。

肩部平稳舒展，表明沟通顺畅；肩部下压，表明对方心情沉重；肩膀收缩，表明对方在生气。

5

眼睛是心灵的窗户。沟通高手都善于观察对方眼神的变化，从而判断对方的心理反应，选择正确的沟通内容。

当然，始终盯住对方的眼睛会显得不礼貌，适当地抓住机会观察对方视线的方向和眼部肌肉的动作，才能得体而敏锐地说对话。

每个人都有自己独特的说话方式，最明显的差异就是其语速的快慢。说话虽然看起来很简单，但却关系到神经系统的复杂运作，体现着一个人的内在信息。而语速快慢，会直接体现说话者的个人性格和情绪状态。

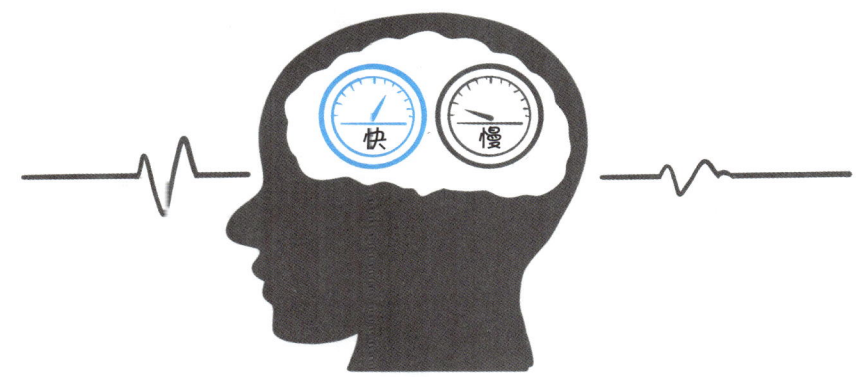

心理学研究发现，平时语速比较快的人，性格通常比较敏感、急躁，希望能迅速解决问题；平时语速比较慢的人，性格比较谨慎、淡定，即便面对重要事情，也会不紧不慢。

但是，现实生活中的绝大多数人，说话速度都不会特别快或者特别慢，绝大多数人都习惯用中速说话。我们在沟通时，究竟如何才能通过语速看懂对方的想法呢？

具体而言，我们要善于观察对方说过几句话后，与他之前说话相比的语速变化。这类变化，可能隐藏着对方的情绪起伏。例如，当一开始用正常语速说话的人，突然加快了语速，说明其情绪激动，此时我们就要选择与之相应的沟通方式。

如果对方的说话速度从很快转向较慢，说明他希望能通过自我克制，恢复内心的平静。如果是在争论时，这个变化可以证明对方开始接受你的看法。

日常沟通过程中，人们往往更在意对方表达的语言内容，却忽视了语速。实际上，语速通常会比语言内容更快暴露心理状态，只要我们能在沟通中多注意观察，从语速变化中发现预兆，再及时调整，就可能避免沟通失败。

更为高明的沟通者，还懂得利用点头、重复、应答等方式，有意识地配合沟通对象的语速、节奏。如果对方语速快，你点头、附和的节奏也应变快，反之则要慢下来，仔细观察理解对方的情绪变化。

追随和配合，能让双方情感充分共鸣，从而拉近彼此之间的心灵距离。这样，沟通就不会只是单方面地输出信息，而是能及时交换信息。

什么氛围说什么话，别"独树一帜"

成熟的沟通者，绝不会成为气氛破坏者，而会努力融入气氛。不同的环境、人物和内容，构成不同的沟通气氛。其中每个人所说的话，只有符合当时的气氛，才能被他人喜欢和接纳。

沟通氛围，主要包括沟通环境、场景、场面和场合。

客观环境构成了氛围的基础，应该被沟通者有效利用。沟通者应敏锐观察沟通环境，并借此达到良好的沟通效果。

沟通场景则能影响话题。所谓场景，是指人、事和物的有效组合。场景能为沟通的话题提供丰富素材，并影响沟通形式，决定沟通进展。沟通者要善于发现场景的不同，积极寻找有利话题。

所谓场面，是指在沟通环境中的人们之间的关系。无论何种沟通，沟通者都需要灵活使用不同的话语，来维系人与人之间的各种关系。这些关系可能是表面展现的，也可能是暗地维系的，沟通者必须充分尊重和理解这些关系，再积极选择对应的话语加以掌控。这就是所谓的"场面话"。

当然，场面话的表达要适度，更要注意与场景的联系。如果一个人不分场景，在沟通中永远都说"场面话"，就难免显得虚伪而无法被对方所接受。

场合，是指特定的沟通时间和空间。场合的时空因素，通常并不指自然环境，而是指社会环境，例如是办公还是休闲，是庄重还是轻松，是熟悉还是陌生，是正式还是非正式，是公开还是私下等。

如果说话不分场合，过于追求"独树一帜"，就很可能让人反感。例如，国内某大型企业的副总，在有记者采访总经理的场合下，突然向他提出个人休病假的请求。无论她是有心还是无意，显然这是一次失败的沟通。

不同辈分的人，有不同的说话风格

生活和工作中，我们不可能永远只和同龄人打交道。即便你在同龄人中大受欢迎，但如果找不准不同辈分的说话风格，同样可能导致沟通失败。

15

怎样才能在沟通中既不得罪比自己年纪大的前辈,又不被比自己年轻的晚辈所讨厌呢?这就需要我们掌握和不同人说话的技巧。

在和长辈对话时,我们应保持谦虚恭敬,试着从长辈身上学到宝贵经验。此外,年长者在某些问题上会固执己见,他们会凭借个人经历来评论事情,并且喜欢和年轻人分享解决问题的方法,喜欢因此而得到尊重。

此外,和长辈交谈,我们要尽量避免提及他们的年纪,更不要重复强调其年纪大,否则就会遭到反感。

和晚辈说话，同样要注意自己的态度。例如，在比自己年轻的新同事面前，我们不妨多说说工作注意事项，提醒他们要遵守公司的规定。当然，这种交谈也需要有一定技巧，可以暗示对方要对自己有正确称呼等，既表示亲近，又要确保适度。

和年轻人说话，也要注意避免好为人师的问题。我们应该多说一些他们本来就感兴趣的事情，例如美食、旅行、电影、游戏等，这样他们就会觉得你是真正理解他们的。

和长辈谈话时，我们可以主动提出自己不擅长而对方了解的问题，吸引其谈话兴趣。

和晚辈谈话时则应反之，多了解对方感兴趣的领域，少提出他们不擅长的事情。

和地位比自己高的人沟通，无论对方年纪如何，都不必太过抬高对方，否则会显得阿谀奉承、缺乏原则。沟通的重点应该就事论事，节约对方时间。

和职位比自己低的人谈话，如果对方年纪较大，就应该谦虚而有分寸，可以用略带请教的口吻来了解工作进展等问题。如果对方年纪较小，则可以用提醒且带有鼓励的语气，像师生那样交流。

无论对方辈分如何，在沟通时你都应努力让他们发现你的与众不同，呈现自己最好的一面。

如果你们很陌生，要化解对方的防卫心理

不要忽视和陌生人的沟通。在生活和工作中，与陌生人沟通的情况并不少，如果沟通不融洽，可能会有意外风险发生。准确判断和化解对方的防卫心理，才能收获沟通成果。

在和陌生人沟通时，由于不了解对方，你所掌握的沟通信息非常有限。同样，对方也是如此看待你的。这就是彼此防卫心理的来源。

另一方面，陌生人虽然有所防卫，但因为彼此缺乏情感关系，并没有表达上的压力。熟人之间的沟通如果过于直接，可能会破坏彼此的关系，而在面对陌生人时，就没有这样的压力。

陌生人之间往往存在着矛盾的沟通立场：既想通过沟通来缓解紧张情绪，认识新朋友，又担心潜在的沟通风险问题。

陌生人沟通总是需要合理的理由，即"搭讪借口"。当你要主动和陌生人说话时，最好先准备合适的理由再开口。如果你缺乏必要理由就说话，很可能引发对方的不安，因为对方不清楚你的沟通动机。

在抛出借口后,千万不要小看自我介绍,自我介绍要根据对方的防卫心理特点进行。例如,当对方怀疑你的身份时,你可以先提到某个地名、组织名称或者人名,来证明你和对方有共同点,是值得信赖的。

正式自我介绍时,语言应该既简洁明了,又能让对方从介绍中找到聊下去的话题。更高明的自我介绍可以让对方意识到你的价值,又不至于觉得你是在炫耀吹嘘。

正确地称呼陌生人，也是帮助他们卸下过多心理防卫的良好方法。毫无特点的称呼，只会让别人感到厌烦。

我们在和陌生人交谈时，不妨尽量少提"我"。即便提到时，语气也不要加重或拖长，目光不要咄咄逼人，表情神态不要过分得意，而要将沟通重点放到客观叙述上。这样才可能避免陌生人产生过度防卫心理。

第二章　拒绝他人，比你想得更重要

个人的能力、时间和资源都是有限的，如果不懂得在必要情况下拒绝别人，势必会面临尴尬局面：或者是伤害了别人，或者是伤害了自己。

学会拒绝他人，比你想得更重要。本章将带你学习拒绝的技巧。

生硬拒绝，等于让自己多了一个"敌人"

生硬地拒绝别人很不明智。拒绝本身可能并不让人讨厌，但如果表达不当，就会得罪他人，让其认为你并不重视他。

尤其是当着第三者的面，生硬地拒绝别人，等同于伤害其社交信誉，即俗话说的让他"丢了面子"。

有时候，生硬拒绝并非出于恶意，而是出于口头语言习惯，甚至只是因为一时忙碌而缺乏对沟通态度的有效管理。

言者无心，听者有意。对方很可能会暗暗记下这次你的无心之失，当他有机会报复你的时候，你就会多了一个敌人，而你自己早就忘了原因。

过分夸张地拒绝，会让人觉得你是在耍心机，试图欺骗和愚弄他们。这可能比一般的直白语言更让人记恨。

尤其当你曾答应过其他人类似事情时，简单的拒绝，就会引发敏感者的比较，认为你是"看人下菜碟"。

最麻烦的是面对上级或者客户时，你往往既不能直白地说出来，又不知道如何拒绝。

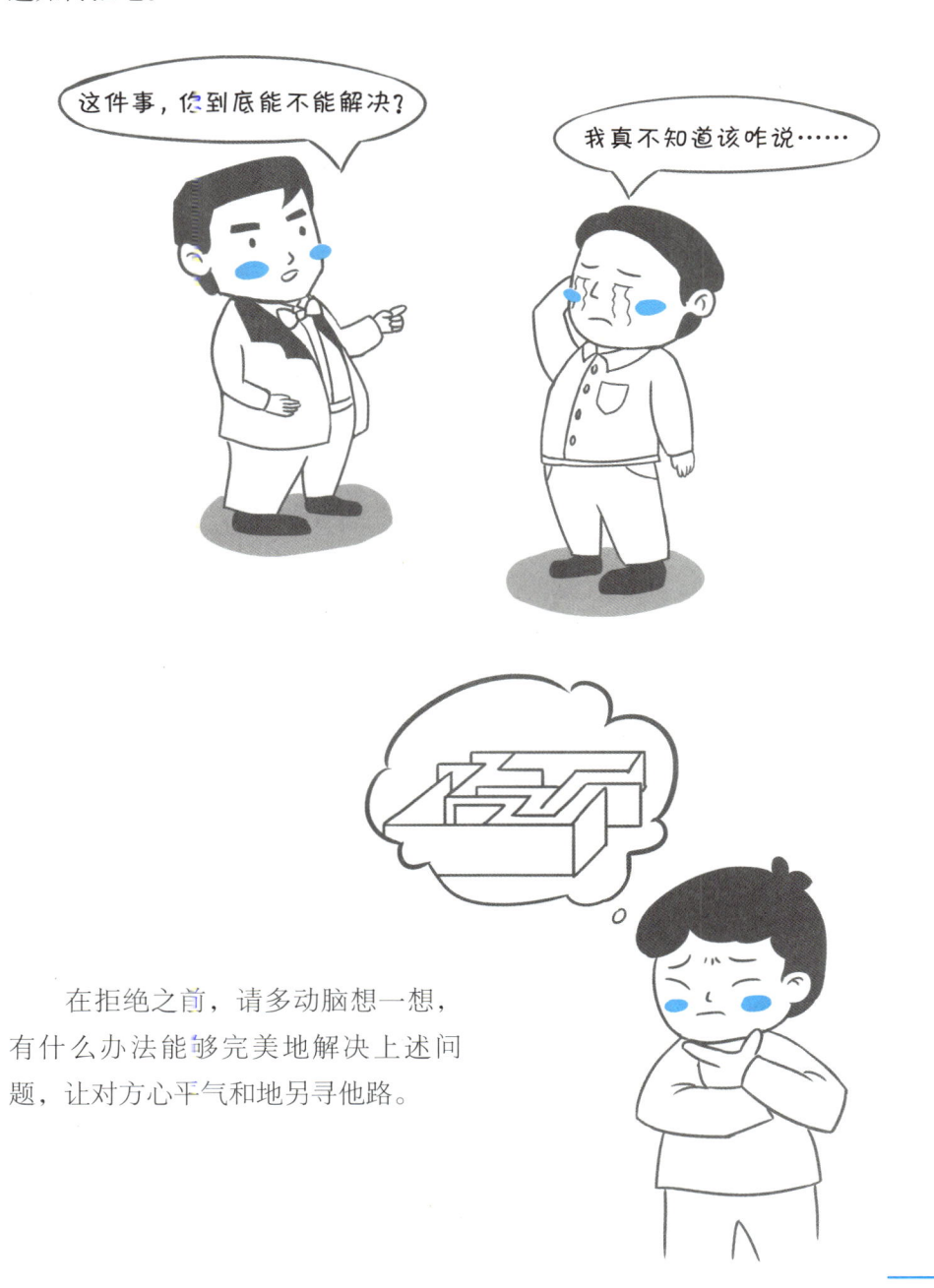

在拒绝之前，请多动脑想一想，有什么办法能够完美地解决上述问题，让对方心平气和地另寻他路。

换一个话题，沉默也是一种拒绝

沟通陷入失败，问题经常出在拒绝上。错误的拒绝方式，很容易引发质问和反驳，演变成面红耳赤的争吵。

沉默往往是有效的拒绝方式，它能引导双方变得更为冷静及理性。适当保持沉默，要比花言巧语式拒绝更高效。

沉默的时间点无须固定，它可以出现在对方提出要求的开始、中间，也可以是最后时刻，关键原则是"避开重点"。

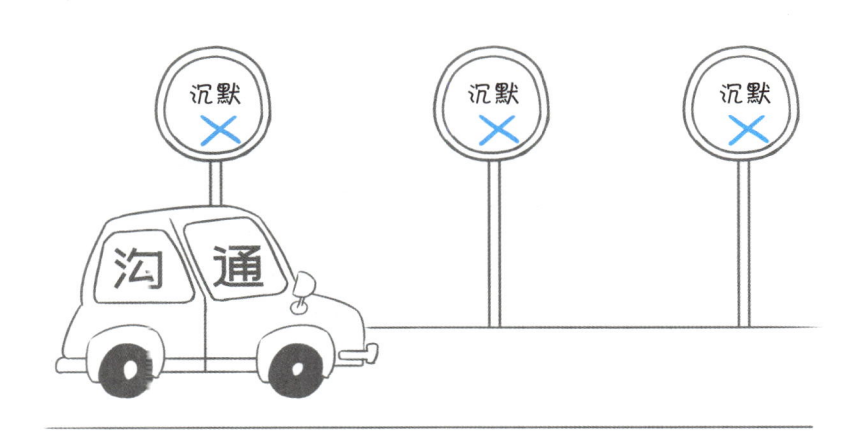

沉默时，也要表现出倾听的姿态，让对方感受到你在了解问题、认真思考，从而感觉自己被尊重。当然，沉默时间也不能太长。

沉默无须解释。很多人沉默一段时间后，又会说出拒绝理由，结果让对方重新燃起希望，寻找理由的漏洞。

……这个事情吧，主要是……

主要是资金问题还是人员问题？这都能解决。

沉默无须带有情绪。你一旦流露出不耐烦的情绪，对方会认为你是因为其他原因而不愿接受。他们会选择下一个时机，再次提出要求。

他心情不好，下次再来。

沉默之后可以主动更换话题。如果对方是不能得罪的人，你可以用改变话题的方式，施行另一种有效"沉默"。例如，向领导汇报更紧急的事情，请他做出更重要的指示等。

要懂得把握好沉默限度。一旦对方转移了话题，就可以继续沟通，避免更加尴尬。

给对方台阶下，对方会理解你的拒绝

人们总是将拒绝和否定加以联系，因为两者都会"说不"。但实际上，拒绝并不一定都是"说不"，也可以给对方台阶下。

如果希望婉拒别人，可以用客观理由来加以说明，例如时间、天气、地点、预订日程等。这些客观因素是单方面难以改变的，其困难很难克服，只能选择拒绝。这样，对方就不会感到难堪了。

也可以通过暗示的方式，强调某种客观问题的存在，让对方自行推断出你的拒绝意思。这种方式能很好地保留对方的面子，还能预留改变主意的空间。

当然，你也可以选择坦诚相待，直接告诉对方你无法同意的原因。这种态度会让对方感受到你的真诚而不去记恨。

如果是在职场上讨论重要问题，我们可以用"替代方案"的方式拒绝。在拒绝时，应强调"替代方案"的权威性、可行性。

我们不必害怕拒绝，只有直面拒绝本身，我们才能得到别人的理解，拥有越来越高的沟通能力。

找理由拒绝，要学会讲故事

沟通中，善于驾驭语言的人，能自如地运用各种沟通方式，准确找到合适的拒绝理由并表达出来，这就需要学会编故事。

> 这件事我不是不帮你……

如果你想要拒绝别人，就要用委婉温和的方式来表达自己的看法，必要时，应向对方详细阐述为什么你不能答应其要求。在解释过程中，语气应委婉坦诚，就像讲故事那样动听，如果过于冷淡，你将失去别人的信任与好感。

常用的"讲故事"有三种方法。第一种，是直接说自己的故事，即表明自己陷于何种处境，其前因后果是什么，如果帮助对方会导致怎样的局面。

第二种，是讲别人的故事。你可以转移话题，谈论第三方的事情，从而达到拒绝的目的。

第三种，是讲对方的故事。你可以帮助对方设想更好的解决方案，从而产生拒绝的效果。

无论选择哪种故事去拒绝，你都要设置一个良好开头，表明你很想帮助对方。这样做，起码你能在心理上给对方安慰，满足对方的社交尊严。

做出为难的表情，对方会知难而退

如果你出于各种原因，不愿开口拒绝对方，就应学会做出为难的表情，让对方知难而退。

你可以用皱眉、搓手、抿嘴等表情或动作来应对，表示自己正处于矛盾中，既想帮对方，又缺乏帮助的能力。

你也可以用频繁看手表、看手机的方法，表明自己时间很紧迫，来不及考虑目前的事情。

你可以用打电话等方式，表示自己需要请示更高级别或者更有发言权的人，从而延缓拒绝，让对方自行领悟。

你还可以装作正在忙碌其他事情，很难抽出时间具体回应对方，这也是有效的拒绝方式。

一旦对方理解了你的为难处境，你就应表现出释然和感激的神情，从而保护对方的自尊心。

第三章　说话要圆，一根筋容易堵死自己

　　沟通需要"会说话"。会说话的人，能把话说进对方心里去，从而拓宽社交空间。

　　"会说话"不是口若悬河、滔滔不绝，而是要熟练掌握表达技巧，圆润流畅地将观点传达出去。反之，过于生硬死板甚至一根筋的说话方式，会堵死沟通的可能。

适时"但是",引导谈话方向

沟通并非总有预先准备,很多沟通情境是突发的,你根本无法预料对方会说出怎样的话,也无法做好回应的准备。

此时,如果你选择沉默或回避,就会导致场面陷入被动。对方会觉得你是"蓄谋已久",而你也会感到内疚。

这种情况下，你可以先重复对方话语中的关键内容，加以提炼，再予以肯定。这样的话语不需要新意，即便是重复也能让对方感到舒服。

在重复过程中，你应该抓住机会，思考归纳自己的观点立场，再提炼出表述重点，否则对方大概率还是会继续追问下去。

在沟通氛围较好的情况下，应抓住时机，以"但是"为关键词语开启你的重点表述。需要注意，说"但是"时应态度坚定，语气正常而不能生硬，否则会被对方误认为你在刻意"抬杠"。

在合适的时机说"但是"，能引导对方对新的情况展开思考和讨论，能打造新的沟通空间，让谈话向更好的方向发展。

凡事没有绝对，要给双方留个余地

常言道"话不要说太满"，意思是在沟通中，要懂得留有余地。世界上没有什么事情是绝对的，因此话也不能说得太绝对，要为发展变化留出余地。

即便自己有理的事情，也要懂得适当表达，不能把沟通变成"我对你错"或者"你对我错"的零和游戏。

对无法完全确定的事情，要多使用"可能""或许""基本上"等词语进行描述，避免将结论做得太绝对。

做承诺时，要预先说明情况、讲明条件，而并非笃定地打包票。这样即便将来由于客观困难而无法兑现承诺，也可让对方心平气和地接受。

千万不要用负面词语来形容别人，这会伤害对方的感情，让沟通失去控制。

沟通时，要适当换位思考，站在对方的立场考虑问题，这样才能让说话真正留有余地。

先说原因再说结果，让对方更容易接受

人们之所以沟通，是希望有沟通结果，但沟通者不必把话语全部浪费在描述结果上。过于关注结果，只会让分歧越来越大。

说服别人前，先理清自己观点的逻辑，充分思考后找到逻辑的起点，做足准备，否则只会让沟通变成一团乱麻。

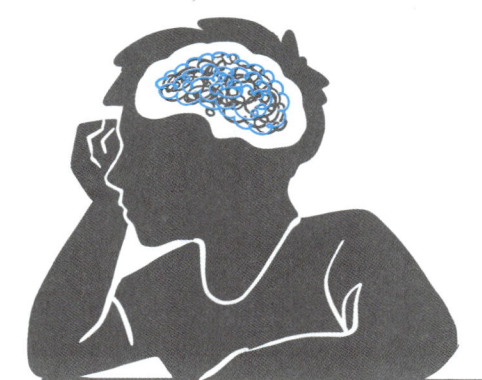

沟通前，你立基于本方视角去观察结果，分析主要原因、次要原因是什么，再进一步分析其中哪些原因是由本方造成的，哪些原因是由对方造成的，哪些原因是由第三方造成，哪些原因是由偶然性造成的。

沟通时，向对方列举这些原因，确保他们和你拥有相同的观察视角，或起码能接受这些原因。

围绕原因，进一步解释你的看法，同时提出对应的建议或者解决方案。

> 我们认为，解决问题的最好方法，是针对主要原因形成具体方案。

> 好吧，请解释下方案。

只有处理好原因方面的观点分歧，我们才能让对方接受观点，展开一致行动，从而拿到想要的结果。

幽默的比喻，让话题变得更有趣

比喻即打比方，用一件事物来描述或说明另一件事物，用人们比较熟悉的东西来描述不熟悉的东西，从而减少理解障碍。

曾有《围城》书迷想要拜访著名作家钱钟书，钱钟书用幽默的比喻婉拒了，不仅没有让对方丢了面子，反而成就了一段佳话。

你吃了一颗鸡蛋，觉得不错，但何必要见那只下蛋的母鸡呢？

53

比喻通常包括三部分，即本体、喻体和喻词。本体是被比喻的事物，喻体是用来比喻的事物，喻词则是两者关系的连接。

时光如梭
本体　　喻词　喻体

比喻能让说话变得有趣，是因为可以用意料之外而在情理之中的方法，让人豁然开朗。

我来打个比方吧……

我懂了！

特定场合运用专业术语能产生很好的沟通作用，但如果面向非专业的普通人，最好能使用比喻，回避专业术语所造成的理解障碍，而且应尽量使用对方能听懂的比喻，避免长篇大论的解释。

比喻能让语言更加形象生动。当你在表达观点、阐述道理时，一直长篇大论，难免会让人感到厌烦。借助恰当比喻，你就能让原本枯燥难懂的道理变得生动明晰，从而触动对方记忆里原有的信息，迅速达成共鸣。

为提升传达信息的效率，我们在设计比喻时必须抓住本体和喻体之间的共同特征。

古人谢安曾经让他的子侄描写下雪，侄儿和侄女都使用了比喻，但后者的比喻更为形象，其成功的关键就在于体现了更多共同特征。

尽量不要用那些过于普通的比喻，例如将女孩比作花，将幸福比作蜜糖等。这些比喻太过常见，难以引起沟通对象的情绪变化。

平时，你可以多围绕工作和生活的重点内容，积累不同类型的比喻，将其记录下来，作为素材。

日常沟通中。不妨和身边人大胆使用这些比喻，直到形成习惯，就会逐步提升沟通能力。

先除去多余的话题，再转入正题

沟通时，你应尽快从对方抛出的各类话题中，寻找出主要方向。这既能满足对方受尊重的心理需求，也能迅速打开自己的沟通思路，提高沟通效率。

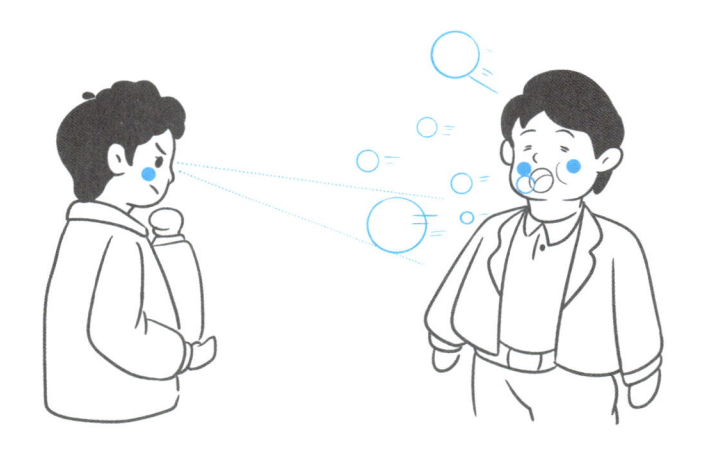

为确保能除去多余话题，你应学会倾听。倾听不是随意地听，而是认真听取别人说话的方向，了解其话题的可能性。

你要从对方的表述内容中，及时找到他们最关注的点，再将这些点同你要说的内容联系起来，这就是主要话题。

（表演是他们的主要话题）

与主要话题相比，其他话题往往都是为了活跃气氛，或者做背景描述使用，可以看作次要的话题。

当别人在阐述其他话题时,你不妨耐心听上几句,也可以表达你的观点。但千万不要在其他话题上耽误太久,必要时你要主动说出对方想要的话语线索,便于向主要话题推进。

此时,你可以使用"那么你认为……""所以我觉得……""这样看来……""果然会……"等词语,关闭那些不重要的话题。

沟通中还有一种常见情形，即对方也并不清楚主要话题是什么，此时就需要我们主动帮助其寻找共同话题。

我们可以从时间、地点、环境、原因、需求等层面，分析对方为什么会前来沟通。

形成初步分析结果后，我们不妨主动加以询问，以了解其真实动机，再帮助其总结观点，打开主要话题的讨论途径。例如，你可以说"你是否有这样的想法""你的观点是不是这样的"等。

如果对方出现犹豫神情，我们可以进一步列举不同可能，让其选择，明确接下来的沟通重点。

第四章　赞美人要真诚，虚伪的夸奖让人反感

赞美是指个人对自身所支持、欣赏的事物表示肯定的言行。无论是同事、朋友、家人，还是陌生人，每个人都喜欢接受真诚的赞美，这能让他们获得愉悦感，也能拉近彼此的关系。

一个礼貌用词，让人如沐春风

"良言一句三冬暖"，在人际交往中，不同用词能产生巨大的心理效应差。多使用礼貌用词，会让人如沐春风，难以拒绝；反之则令人讨厌。

多说礼貌用词，能让沟通更加融洽。在不同场合，我们应选择不同的礼貌用语。最常见的礼貌用语为问候语。

问候语没有具体场合的限制，无论公开还是私下都可以结合时间、环境、对象的特点使用，例如"你好""上午好""早安"等。

欢迎语，是对别人来访表示欢迎的礼貌用语，例如"热烈欢迎""见到你很高兴"等。

当你在生活和工作中打扰他人或冒犯他人时，应使用"对不起""请原谅""打扰了"等道歉用语，一般都会取得他人善意的谅解。

65

请托用语，即向别人提出某种具体请求时所使用的礼貌用语。通常要用"请"字，并在态度和语气上保持恰当的诚恳，例如"劳驾""借光""麻烦您"等。

征询用语，即征询他人意见的用语，这一类用语可以让别人感到被尊重，例如，"您怎么看这件事""您还有其他意见吗"等。

在指代人物时，我们还应学会用敬辞，即表示尊重礼貌的代称，例如将自己称为"鄙人"，将别人的父亲称为"令尊"等。

在打电话时，也应以礼貌用语开头，例如，"请转告……""抱歉，打扰你了……"等。

在使用礼貌用语时，我们要注意语气和态度，不可生硬粗鲁，避免让人以为是不情愿的礼貌。

为增添沟通色彩，我们应丰富礼貌用语，不要总是使用千篇一律的语言。

看准对方的需求，满足需求的赞美更能打动对方

抓住对方的需求去赞美，要远胜于泛泛而谈的夸赞。这样的赞美更强调满足对方的心理渴求，以获得其认同和信任。

每个人都曾经历足以自豪的事情，这些都是他们的人生闪光点。他们希望这些引以为荣的事情，能够获得他人的赞美。

69

更多的人喜欢真诚而非公式化的赞美。那种千篇一律的赞美，充满了"复制粘贴"的廉价感，很难让人真正敞开胸怀。

真诚的赞美应言之有物，需要说出值得赞美的具体内容。例如，与其说员工经验丰富，不如说出其具体的贡献。

我们在赞美人和物时,也应落实到细节。例如,赞美别人的房间装修漂亮,不应随便说一句"真好看"。

更高级的赞美,要针对别人未被发现的优点。有些人的特长比较明显,会因为经常被赞美而感到厌倦。此时,你就要找到其隐藏的优点,用赞美加以彰显。

赞美他人要选择恰当的时机。当对方谈到其某段经历时，例如去过的地点、认识的人物等，都可能出现赞美的机会。

赞美的力量不仅来自语言，还来自你说话的姿势、神情，以及赞美他人时的认真程度。你应该看着对方的眼睛，声音响亮且面带笑容，切忌欲言又止的赞美。

赞美式鼓励，使人的动力更足

并非任何赞美都是积极的。当我们称赞下属、晚辈、孩子时，如果使用了过分赞扬的词语，就可能会使对方骄傲自满，不利于其进步。

因此，我们在赞美他们时应把握好分寸，少用溢美之语，而是多一些引导和肯定，借赞美之机提出鼓励，让对方产生更强的动力。

73

同样，当你想鼓励他人时，也不宜以长者、前辈、上级的身份来严肃地与他们对话，而是要多找到其值得赞美的地方，再进行适当鼓励。

有时候，你还可以主动向晚辈、下属、孩子求助，由此让他们认识到自身的能力。这种行为本身就是一种赞美和鼓励，甚至不需要额外的语言来表达。

在这样的求助中,你应该让请求的内容和对方的职责基本脱离关系,变成个人和个人之间的互相帮助。

对方付出很多努力后,应在感谢时给予个人之间的赞美,再进一步加上自上而下的鼓励。

在职场中，如果你有几个下属，可以轮流赞美他们，凸显他们不同的特点。这意味着鼓励他们与众不同、表现自我。

当然，你也可以用具体行动来表达这种赞美，比如建议其他下属就某个问题共同请教某一个同事。

你也可以赞美某人在某方面的突出优点，鼓励他在其他方面取得同样程度的进步。

赞美和鼓励，实际上也是沟通者对周围环境的肯定，能改善自己和周围的关系，让自己更受欢迎。

赞美人也要适度，无休止的赞美适得其反

沟通中，当我们想要赞美他人的时候，不应突然大肆夸赞，也不应连篇累牍地夸赞，否则很容易引起对方的不适。

在列举对方的优点或成绩时，既不要夸大，也不要说得无足轻重，尤其是不要围绕某个优点喋喋不休。

我们也不应该在赞美语句中含有否定的内容，否则同样会让赞美变得不值钱。

如果赞美对方的某个特点，就只需要围绕其特点进行赞美，而不要过度夸大事实，将没有发生的事情、不值得赞美的事情混入其中。

79

要努力控制赞美的频率，而不是每次一见面就对当事人进行赞美。这种赞美像是一种过度消费，会让人觉得你另有所图，甚至可能怀疑你居心叵测。

哎呀，你可是我们部门的顶梁柱。

完了，是不是又得加班？

尤其是面对下级，过于频繁的赞美很容易造成对方心理上的麻痹大意。例如，过度赞美员工，会让其变得自以为是；过度赞美孩子，会让他们失去面对失败的能力。

在妈妈眼里你最优秀。

可是，我们班老师不这么想！

在面对上级时，过度的赞美并不会让上级更加重视你，反而会让周围的人对你产生反感。

在面对客户时，你可以就合作过程中客户表现出的特点加以赞美，不要漫无边际地吹捧，否则反而会破坏今后的合作。

如果是赞美对方隐藏的优点，你就要加上限制用语，例如，"我感觉你是……""我发现你有……"之类的。

无论在什么场合，面对何种对象，你都要懂得克制赞美，避免过犹不及。

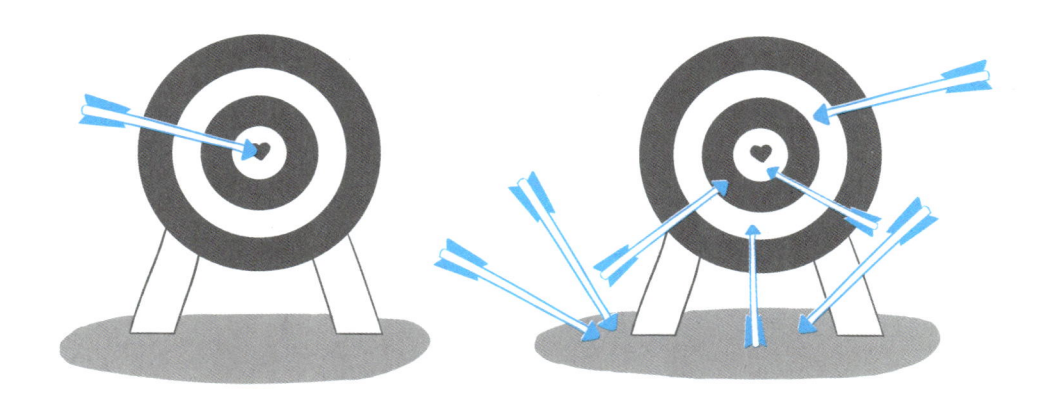

赞美人要带表情，敷衍的赞美是一种消耗

当人们受到真心赞美时，会激发出自己的潜能，超越平时水平。

真厉害啊！

就这样吧，还行。

但如果赞美没有诚意，反而会变成一种消耗，让人无法提起精神做事。

83

其实，看到员工获得了成绩，绝大多数人都会想要赞美。但作为上级，往往会碍于身份，不愿意开口赞美，或者只是进行敷衍的赞美。

无论对方出于何种动机而突然变得积极，或者取得了不错的业绩，只要有了积极的改变，我们就应认真地赞美。

在赞美之前，要先认真了解对方的成果。无论是员工做的 PPT，还是孩子的试卷，或者是朋友向你分享的菜肴，你都需要仔细观察和体验。此时，你的表情应该是投入的。

随后，你应该略微沉思，与之前所接触过的同类型事物进行比对，找出当前事物的不同之处。此时，你的表情应该是认真的。

85

你还应该思考掂量,要说出怎样的赞美之词,对方听了以后会真正相信,同时让在场的其他人听了以后也有同样的感受。

在确定之后,你再用果断的说法和语气、肯定的眼神和动作进行赞美。有时候,还需要一个微笑。

如果不假思索地说出赞美，既没有停顿，也没有表情，这种赞美就会变成一种随便的敷衍。

无论对方是谁，都会对这种赞美感到厌烦，并怀疑你和他之间的关系是否真正融洽。

第五章　叙述一件事，要有始有终

叙述，就是介绍一件事的情况，从而使对方了解我方的观点。在沟通中，叙述必须有始有终。

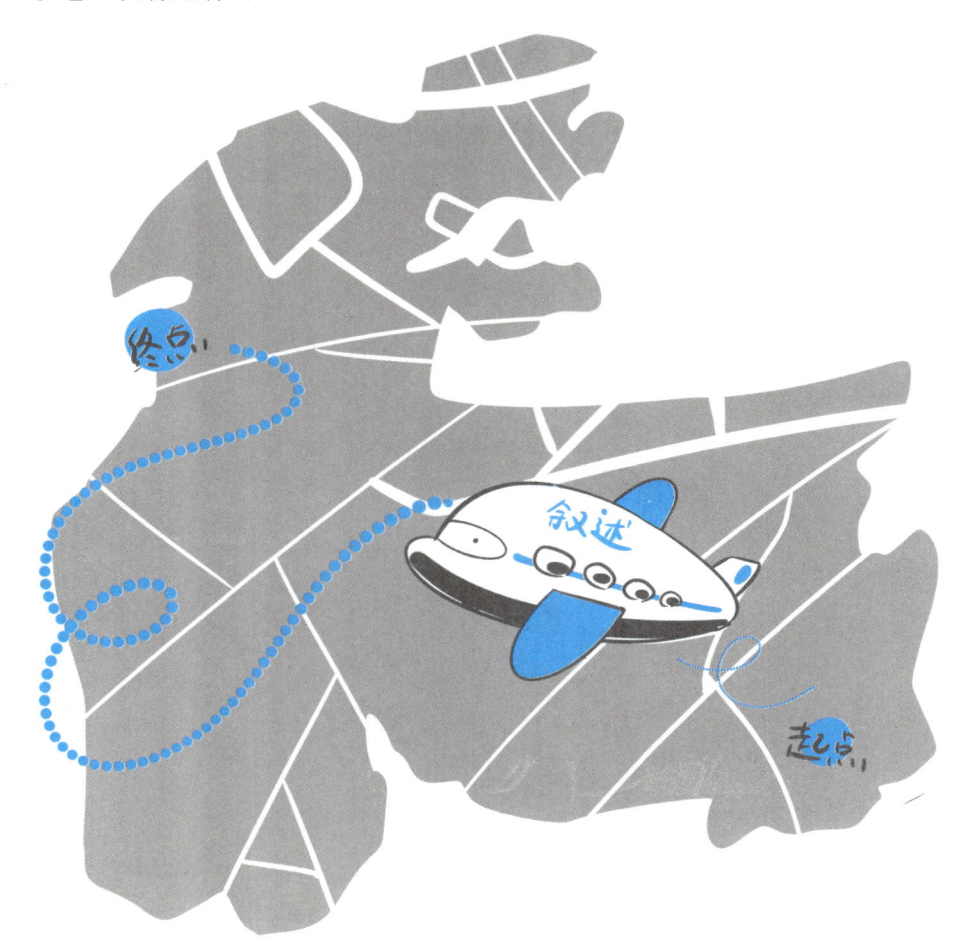

说事情有条理，还要够生动

说好一件事情并不复杂，只需要符合两点要求：有条理、够生动。这样你就能赢在沟通的起跑线上。

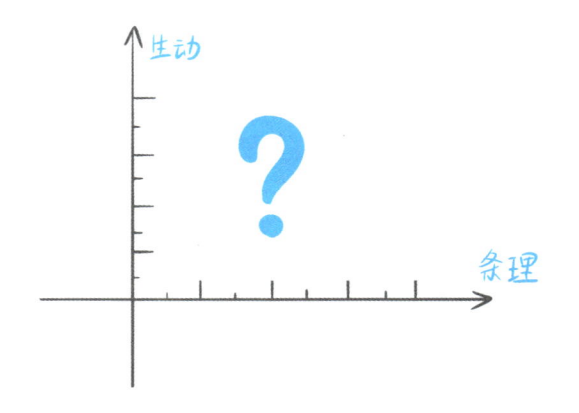

想要让叙述有条理，就要预先设定目标。没有目标的路线会令人迷失，没有目标的叙述会令人迷惑。

不妨想象一下，当自己和对方的沟通已经完成时，你最希望对方记住一件事，甚至只是一句话，那会是什么话？

不妨提前把这句话写下来，便于在叙事之前就能确定对话中最关键的信息是什么。当你在叙述时，时刻记着这些信息，并且在叙事一开始就说出这些信息，从而让对方能专注于关键点。

91

明确关键点，是为了以关键点为核心，将其他内容组织串联起来。这样你就会发现所有信息都是可以关联的，从而避免出现逻辑混乱等问题。

当你和对方共同了解关键信息后，就要传递"下一步"的信息。这样才能让沟通继续下去，变成共同探索的过程。

无论是明确关键信息，还是共同探索，都需要生动形象的描述来予以推动。你可以举一些鲜明的例子，运用精准的比喻，或者说一两个有趣的故事，让沟通对象深入思考。

叙述还要结合环境，适时地将沟通的环境因素引进话题中，别人才能真切地理解话题内容。

个性化叙事，适合对方的才是最好的

沟通时要说什么话，应该取决于对方是什么样的性格。与不同性格的人沟通，要采用不同方式，建立个性化叙事框架。

与开朗的人说话，你就不能表现得太古板，而应该习惯其语言特点，用简单、直白的讲话方式沟通。此外，还要学会倾听他们的话语。

性格内向的人通常严谨理性，喜欢深思熟虑，话语也比较少。和他们说话要注意遵循其逻辑，同时说话要简单直接，态度要诚恳。

和幽默的人沟通，不要过于严肃，而要适应其谈话风格。虽然你不需要再主动调节气氛，但要学会看懂他们的内心想法，不能给对方太大压力。

和沉稳的人沟通，关键是要抓住他们最感兴趣的点，用他们最乐意接受的方式交流。

和急躁的人沟通，要避免交流节奏越来越快，要懂得适当调整节奏，使节奏快慢得当。

和自尊心强的人沟通，要避免过度彰显你的地位，而是要主动了解他们的想法，再以身份对等的态度说话。

无论与何种性格的人沟通，都要解读他们的面部表情，了解他们的内心想法，抓住关键，才能成功。

学会察言观色，才能成为沟通高手。

是的，所以你成了销售冠军。

理清时间先后，叙述经过时就不会乱

每个人都能感受到时光的流逝。在沟通中叙述事情时，理清时间先后，经过就不会变乱。

在开口说话之前，你应首先根据事情发展的起因、经过、结果，梳理出其中的关键时间点。

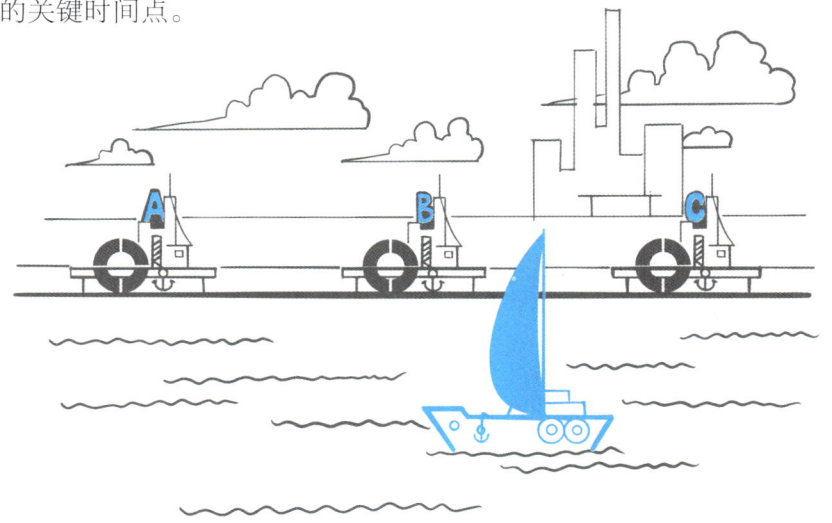

再针对关键时间点的不同，确定每个时间点上事情的变化程度和具体特征。

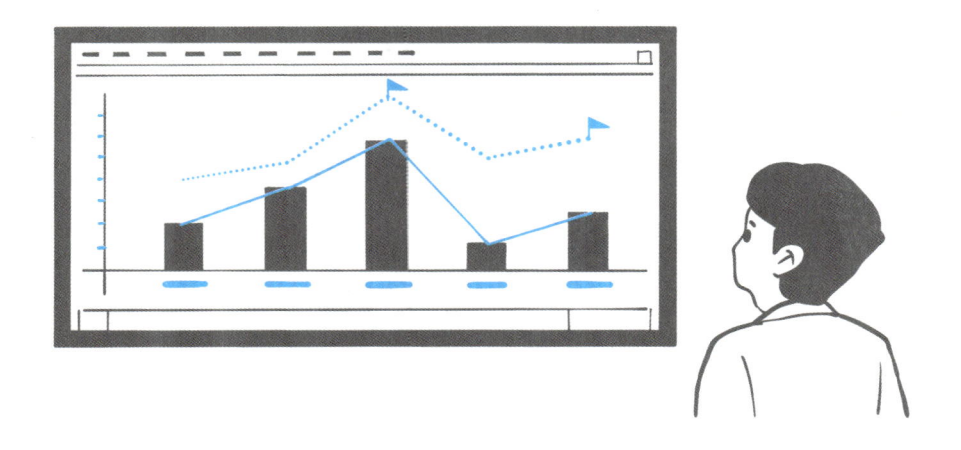

当你开始叙述时，要对那些发生了重大转变的时间点加以重点表述，而不能一笔带过。

对于那些并不会影响全局的事情，则无须过于强调其具体细节，避免"喧宾夺主"。

如果需要呈现两方面情况，可以利用对比形式来描述同时发生的两件事。

适当采用倒叙的方式,能让对方更早知道结果,从而对事情发生的原因和过程感到好奇。

当所叙述的事情完成后,可以向对方说明距离事情开始时过去了多久,便于对方理清时间关系。

别把简单的事情说复杂，别让对方失去耐心了

有些人往往习惯将简单的事情说得很复杂，这会导致一件事情在沟通中越来越困难，最后让所有人一筹莫展。

其实，简单的事情就应简单沟通，不需要让这些事情占据你太多的沟通精力。

我们应该如何简单明了地沟通呢？

在叙述一件事情时，我们应该抓住几个重要因素。第一是时间，我们应选择对表达事情有用的时间点加以表述。

第二是地点，我们应明确介绍事情发生在何地，帮助对方建构背景。如果地点不重要，则无需叙述。

第三是人物。如果是叙述者本人,应说清楚当时的年龄、生活、工作、心态等。如果是他人,则应简要介绍彼此关系。

第四是事情的原因。大多数事情的发生原因,都来自某种需求未能被满足,这构成了"痛点"。

第五要注意事情的发展。我们需要用时间、人物或者逻辑关系说清楚事情的变化，其中包括矛盾怎样转化，"痛点"如何被解决。

如果彼此熟悉且场合适当，可以直接鲜明地亮出观点。

第六是进一步围绕你的观点，提出更多对应的解决方案。

当问题在谈话中得到解决后，我们彼此的交流才算是成功的。这一切，都建立在有效的交流之上。

挑重点说，让人容易理解

会沟通的人，并不一定说话多；说话多的人，并不一定会沟通。沟通的效率很关键，其重点在于简明扼要、易于理解。

什么是沟通的重点？对方最关心的事情，就是沟通重点。

假如你和领导沟通，你就应该及时说出他目前最重视的工作。为此你应提前了解清楚，领导重视的是工作进度，还是人员表现，或者是财务预算等。

假如你是领导，在和员工沟通时，则应将你需要他们关心的重点传达出去。

在你刚开始沟通时，就应提示对方了解重点，从而为沟通划出界限。一旦双方的话语超出这一边界，要能及时加以提醒。

当沟通快要结束时，你还应适当回顾重点，提醒对方去了解和重点有关的各类事项，并对这些事项提起重视。

在较为复杂的沟通事项里，根据不同对象的实际需求，你应该设计不同的沟通重点，绝对不能千篇一律。

重点应该精炼而不能繁多。每次沟通最多只能有两到三个重点，超过三个重点，就不利于对方记忆和理解了。

不同重点之间，应该有简单明确的逻辑关系进行串联，例如因果关系、总分关系、矛盾关系等。

有事说重点，能帮助每个人形成思考重点的习惯。这不仅利于社交，同时也有利于工作与生活。

第六章　开场讲不好，后续沟通更易失败

开场决定着沟通者给在场人士留下的第一印象。良好的开场，是沟通成功的保证。如果开场讲不好，随后的沟通大概率将会走向失败。

开场要吸引对方注意，不然后面的话都会成为"废话"

在信息泛滥的时代，沟通一开始就要努力吸引对方的注意力。如果不能激发对方产生足够的兴趣，后面的话很可能变成他们耳中的"废话"。

引人注意的开场白主要有三种。首先是用有价值的信息引发对方的兴趣。为此，你应该多陈述话题的价值，让对方明白这次沟通能给他们解决什么问题，带来什么好处。

更为直接的方法是明确告诉对方，你将为他们带去怎样的惊喜。

为了增强吸引力，你也可以介绍自己的与众不同，或者凸显曾有过的特殊经历。

你还可以提到自己曾经的朋友、同事、导师等，作为吸引对方关注的标志性人物。

其次是能提供兴趣点，从而让对方愿意关注。越来越多的"段子"广泛流传，证明人们希望通过语言获得愉悦感。如果你感到对话气氛较为凝重，不妨先开两句玩笑，或者自嘲几句，让沟通对象变得开心起来。

这些玩笑或自嘲应该紧贴沟通时的环境主题，而不应贸然说出。沟通时提及的时间、地点、人物等，都可以用来作为玩笑的素材。当然，这些玩笑不能伤害在场者的感情，否则就得不偿失了。

最后一种引人注意的方法，是开场就提出悬念，用反常的结论来吸引所有人的注意力。

这种反常可以是看似违背生活常识的，也可以是违背当时环境特点的，还有可能是违背人们预料中你应有言行的。

"语不惊人死不休"，与其作为一个默默无闻的普通人在沟通场合被忘记，不如成为一个敢于说出精彩开场白的沟通大师。

礼貌的开场永远都是正确的

如果你不愿意为了吸引对方而"冒险",那么你就应该选择礼貌的开场白。礼貌的开场最起码还能导向欢快的沟通,而不礼貌的开场必然会破坏气氛。

很多人认为礼貌开场白仅限于与陌生人、上级或长辈的沟通,其实这样的沟通技巧同样可以影响家人、恋人、好友。因为礼貌开场白能迅速构建彼此尊重的氛围,而越是熟悉的人,往往越需要这样的气氛。

生活中的细小争论，往往更多地发生在熟人甚至家人之间，这些矛盾很多时候都是由于开场白不佳导致的。

为了把开场白说好，以下几点可供参考。首先，要让第一句话就能找到彼此立场的共同点，拉近彼此的距离。

其次，可以用第一句话，就让对方感受到尊重。这既是一种礼貌，也能更好拉近彼此距离。不过，在面对陌生人时应更加谨慎地使用，避免胡乱吹捧的嫌疑。

尊重他人的开场白，更多应结合具体时间、环境、对象来加以表述，例如强调对方的特殊性、环境的意义等。

最后，第一句话还可以将问候送出去。无论彼此是陌生还是熟悉，用一句话送出问候，就能打动人心。如果能根据具体情况使用不同的问候语，就更能让对方感受到温暖。

人生无处不相逢。无论和熟人还是陌生人交往沟通，礼貌的开场永远都没有错。

前面说一句"是这样的",叙述会变得更有条理

当谈话进入正题时,不妨用"是这样的"作为开头,让谈话整体变得更有条理。

"是这样的"这句话虽然很简单,但却能有效区分过渡话语和正式意见,充分吸引沟通对象的注意力。

123

但在谈话的一开始，没有必要用"是这样的"。此时，双方通常还需适当寒暄几句，相互了解。

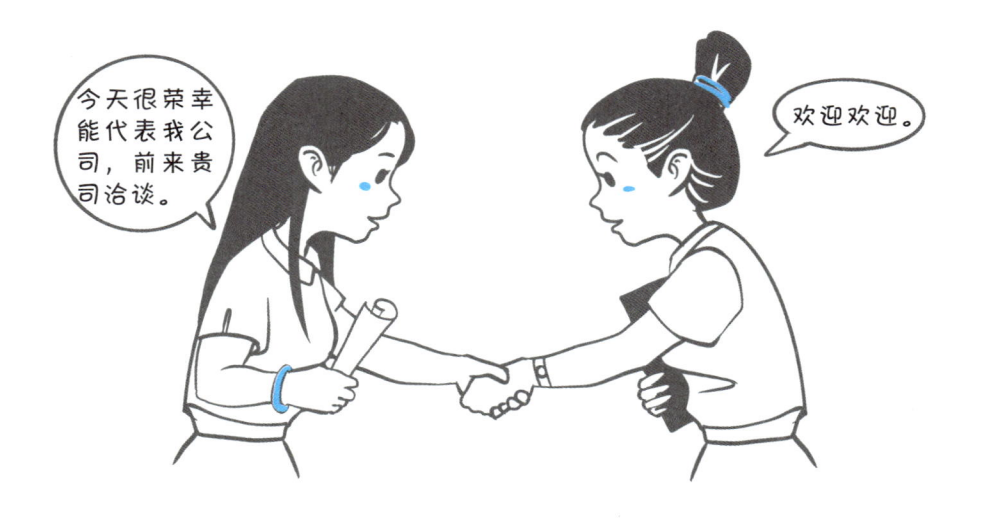

当背景铺垫完毕后，可以用"是这样的"表明来意。

当对方提出问题后，你也可以用"是这样的"作为回答的开始。

如果在多次沟通中，需要改变之前沟通过的观点，也可以用"是这样的"来提醒对方加以注意。

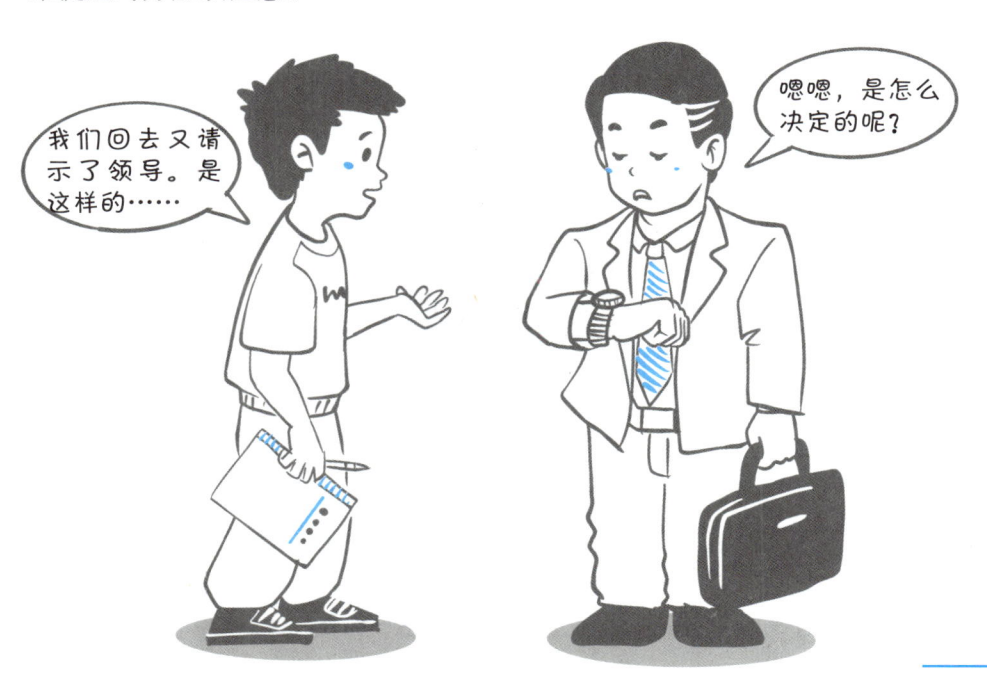

当然，不要用太多"是这样的"，否则会变成缺乏意义的口头禅。

你也可以使用自己的个性词语作为段落开场白，来发挥同样的作用。

先要把称呼搞清楚

称呼是指人们在日常交往中，彼此之间所采用的代称语。在实际沟通中，称呼是说话者传递给对方的第一个信息。

听话者通过对方选择的称呼，就能基本了解说话者的态度。因此，恰当称呼可以让沟通顺利进行。

正确称呼他人，首先，要看对方的年龄，可以在实际年龄上减少一些，再加以称呼。

其次，则要充分考虑自身和对方关系的亲疏远近。

在和多人打招呼时，应该先称呼年长者，再称呼年少者；先称呼上级，再称呼下级；先称呼女性，再称呼男性。

如果只是普通关系，且在工作场合，在称呼他人时就要考虑职业。对不同职业的人，可以采用不同称呼。对公务员，可以称为"同志""主任"，对医生称为"大夫""医生"等。如果其职业没有对应称呼，可以称为"大哥""小哥""师傅"等。

需要注意一点，有些称呼具有特定地域性，不应随便乱用。

有些称呼则会具有东西方语境的差异，例如夫妻之间的称呼。

选择称呼，要注意区分场合。正式场合要选择正式称呼，休闲场合的称呼则可以随意些。

正确、得体而友好的称呼，能让他人感到温馨亲切，在最短时间内和你拉近距离。

"我来说两句",这句话会起到明确作用

即兴讲话,是指在一定场合而没有提前准备的情况下,全凭临场发挥来发言。很多知名人物,都是即兴讲话的高手。

即兴讲话能衡量一个人的综合素质,能体现其对环境的认知高度和对话题的理解水平。同时,即兴讲话能力也能作为一项社交基本技能而通过训练来提高。

即兴讲话通常以"我来说两句"开头,而在此之前,应先在脑海中确定好思路。

可以按事情起因和结果来形成思路,也可以按时间发展形成思路,或者按现场情况确定思路。

可以先讲一个例子，然后再围绕例子展开思路。

无论哪种方式，在"我来说两句"后面，一定要开始比较新的话题，而不是老生常谈。

当你说"我来说两句"时,声音应该洪亮,眼神应该配合,避免有气无力、缺乏气场。

说完"我来说两句",要迅速列举随后话语的要点或中心思想。

当然，如果去正式演讲场合，就不应该用"我来说两句"这种话语，而是事先做好准备。

幸好我做了准备。

在即兴演说中，适当运用"我来说两句"，唤起听众注意力，会使每个人的沟通效率都有所提高。

第七章　前因后果叙述完，要有一个良好收尾

　　成功的沟通如同一次美妙旅程，无论是起点的热情、过程的精彩，都能让人流连忘返。而能产生更加深刻的印象的，则是叙述完成后的良好收尾。

说完话，不要忘了总结一下

在说话结尾处，最大的禁忌就是毫无特点。此时，再好的讲话都会显得虎头蛇尾。

为了避免这一问题的出现，有必要在结尾处进行充分总结。

如果沟通内容较少，可以只用一两句话总结；如果沟通内容较多，可以用列举的方式总结要点。

在总结之前，可以先停顿一下，或者说一两句无关紧要的笑话，以此来调节气氛。

开始总结之前，可以用"我来总结下"等句子开头。

刚才我们团队阐述了目前需要解决的问题，我来总结下。

总结内容的第一句，应该和你的沟通主题密切相关，形成闭环。

我来总结下，这次会议主要议题是讨论下一步的融资方向，我认为这次会开得很成功。

总结内容的分点、分段，应清晰、简洁，不能令人如坠五里雾中。

无论何种类型的总结，都不能过长，避免喧宾夺主，让沟通对方兴趣全无。

说完话要跟对方确认意见，这是尊重对方

每个人在沟通中都希望实现自己的目标，但这并不意味着可以无视对方。恰恰相反，越是充分表达之后，越是要和对方确认意见，这才是尊重对方。

这件事我们团队肯定没有错。

你也没有考虑我们的立场啊。

如果不确认意见，沟通往往会变成"自说自话"而缺乏实际意义。

对不起，我们不接受！

事情不就是这样的吗？

确认意见的形式有多种。首先就是提问,以问句形式了解对方的看法。

对于双方争议不大的内容,也可以用过渡语句。

如果认为对方会有所否定或补充，也可以邀请对方发表意见。

当别人发表确认意见时，你应该仔细聆听，而不能随意做小动作或东张西望。

当别人发表了意见需要你提出针对性看法时，不要急于打断，而要等对方说完再提出。

通过相互反复确认意见，双方最终总能取得一致。

"最重要的是……"这句话起到点醒的作用

在沟通中，双方有时候会"迷失"重点，导致谈话主题出现偏移。

这种情形往往有两种，一种是己方还在主题内，但对方偏移了；另一种是己方也被对方"带偏"了。

无论遇到哪种，己方都应及时恢复清醒，并适时点醒对方。

因此，"最重要的是……"这句话具有重要意义。

在这句话之后引入真正的谈话主题，可以让对方意识到他之前关心的并非重点问题。

"最重要的是……"后面也可以加上事情的起因或者结果，提醒对方不要过度关注过程。

如果对方不能被这句话唤醒，你可以用"最重要的是……因为……"来呈现逻辑，说明其重要的原因。

> 最重要的是这个项目不能变更，因为董事会已经决定了。

> 好吧。

如此，则双方能够重新回到一致的讨论方向上来。

> 让我们继续讨论主要话题吧。

> 赞成。

让结尾更励志，往往能提高斗志

在面向集体进行演讲时，演讲者如果在结尾处不对主题进行升华，而是匆忙结束，就会显得过于草率。听众会一脸茫然，不知道从这种沟通的主题中获得了什么。

演讲者应确保结尾有一定的思想深度，能将主题升华到更高层次，最好以励志的方式进行鼓舞，提高听众的积极性。

具体的励志方式有以下多种。首先是号召，演讲者可以号召大家共同努力，以实现共同目标。

也可以号召所有人学习某种具体的态度或行为，例如关注工作细节、保持工作效率等，以此作为激励。

还可以举出具体人物、事件的例子，希望人们能够以此为标杆对照自己，提高自己。

另一种励志的方法是设想未来更加美好的生活，以此推动对方努力实现。

励志结尾的用语应该短促有力，不能过度冗长；应该多用祈使句，而不是陈述句。

用一定的手势、表情，配合励志内容，会显得更加富有感染力。

以"总之"为结尾切入句式，使问题清晰化

当你认为沟通已接近尾声，或者你可能因为时间安排等问题，不得不结束谈话时，你应该如何去做呢？

使用"总之"作为结尾的切入句式，能避免听众出现精神松懈，让他们意识到谈话即将结束，需要抓住重点问题。

在"总之"之前，可以略微对话题进行回顾，并重新阐述背景、原因等。

在"总之"之后，可以用"核心的问题在于……"或者"我建议……"作为过渡，以区分是指向问题还是指向方法。

在说"总之"之后，情绪应饱满丰富，声音应略微高亢，从而让听众对你的总结形成深刻记忆。在总结中，还可以引用一些名人名言、发起一个号召等。

如果面对的沟通对象较少，在谈话即将结束时，也可以向对方开口提出要求。例如，要求他们做出具体的行动，或者同意表现出和你一致的态度。

"总之"之后切忌随意说两句,根本不加以解释延伸就结束,这样会让人的注意力集中后又落空,感觉很意外。

此外,"总之"也要避免过度重复。有人明明说了"总之",还要喋喋不休地再说十几分钟,这种拖泥带水很容易让人反感。

第八章　说话要大度，对方才会跟你一起大度

在现实生活中，为什么有的人社交范围越来越宽，有的人却永远是"孤家寡人"？其差别与能力有关，更和沟通中建立的社交形象有关。那些说话大度的人，往往会得到同样大度的对待，因此赢得越来越多的朋友。

视不同意见为眼中沙,是无法达成有效交流的

持有相同意见的人进行交流,效率自然会很高。但当你和他人意见相反时,是否还能充分宽容呢?如果对任何不同意见都如同沙子入眼那样敏感,你将很难收获有效的沟通成果。

"一千个读者就有一千个哈姆雷特",每个人对相同问题的看法都会有所不同。对此,我们在沟通前就应有心理准备。

我们应尊重他人的观点,即便内心并不同意,也不要随意批评,更不能脱口而出"胡扯"等不礼貌的词语。这种随意表态,只会让人反感,甚至引发没有必要的争论。

当别人意见与你不合时,你应该注意倾听。如果你展现出耐心的姿态,就会让对方感到受尊重,他们也会反过来尊重你,并考虑你的见解。

在此基础上，你也可以巧妙引导别人认可你的观点。例如，你可以先请大家说出问题的原因，再请他们说出心中最好的办法，最后再由你说出自己的方案，并进行比较。

很多时候，你确实不可能通过一两次沟通就说服别人。此时，要懂得适时结束话题，而不是让话题无休无止地延续下去。

你可以通过插入其他话题的方式结束讨论，也可以询问对方相关问题，以改变谈话重心。

你也可以将双方意见融合折中，形成中立方案，以明确与对方的共同观点。

回应他人的话，是对别人的尊重

诚恳待人是对别人的尊重，也是让真实自我面对世界的大好机会。在人际交往中，如果你总是能第一时间回应他人，就能直接影响他人的感受，也能改变他人对你的态度。

很多时候，想打动别人并不难，只需要在回应他人时说出真话。这里面并不需要有多少沟通技巧，只要摆正心态，说出真情实意，就能让人刮目相看。

回话的方式也要恳切，哪怕是相同的沟通环境，表达相同的内容，真诚恳切的态度也要远胜于敷衍了事的回话。

　　如果对方提出了问题，你就应首先解答问题，不要顾左右而言他。如果你无法解答，就应该坦率地说"我不知道答案"。

如果对方的话指向你的缺点，你可以表现出虚心接受的态度，同时也要说出你的提高计划。

如果别人是在夸赞你，你更应该表现出感谢其鼓励的态度，并进一步说出你将如何运用优势以获得更大成绩。

当然，别人也可能提出你并不想进一步讨论的话题。此时，直接告诉其真相，可能会比绕圈子要更尊重别人。

尊重别人，就是要体现在对其话语权的尊重上。唯有如此，你才能越来越受到欢迎和重视。

多肯定，如果想否定，一个"但是"即可挽回

如果投票选出最不让人喜欢的一类沟通对象，喜欢否定别人的人肯定会名列前茅。这种人在和人沟通时，经常不断地否定别人，令人厌烦。

其实，即便对方和你想的不同，也不要直接否定。你可以先请对方阐述理由，再表明自己的看法。

另外，我们更不应说出否定别人成绩和未来的话语。否定成绩，会被周围人看成是嫉妒；而否定未来，则并没有实质依据。

在面对他人某些观点或言行时，即便认为难以接受，也要先寻找值得肯定的部分，通过肯定拉近距离后，再委婉提出建议。

尽量少用反问的语气和人沟通，这种语气带有很强的否定意味。

即便真的要否定别人的观点，也要保证"对事不对人"。你可以用"并非针对你……但是……"的句式，表明你的客观态度。

当你否定他人时，也要用"虽然你说得很对……但是……"的句式，说明自己提出否定的原因。

在沟通时，你的语气也应体现肯定的力量。使用肯定语气，可以让人获得正面信息，从而产生进一步沟通的兴趣。

大度，并非无条件接受

在沟通中我们需要展现大度的姿态，获得别人尊重，建立良好的社交关系。但是，大度并非没有原则地接受。

大度是对别人的主动付出。如果交谈中出现有趣的言行，你自然会有兴趣关注；但如果只是普通言论，而你依然表示关注，那就属于主动的大度，这会让对方感激你的付出。

同样，大度也是主动去追问别人的麻烦。

我儿子上初中以后老是问我一些科学问题，我都搞不懂。

哪些问题呢？

大度还是愿意进一步分享那些可以帮助对方的重要信息。

什么相对论、量子力学，我自己都一知半解。

我知道有个网站讲这些内容，我发给你。

大度更是能主动理解对方的感受，能设身处地替他们着想并加以体谅。

我知道被客户这样"甩"了，你心里不舒服。

但大度并不意味着别人说什么你都要无条件接受。

我觉得你们部门的工作就是在走过场。

何以见得呢？我想知道这个观点的依据。

如果对方说出的话语侵犯到你的尊严，或者明显不符合事实，你完全可以不予接受。

真正的大度不是无条件地软弱退让，而是需要你用心对待沟通过程中的每一句话。

先把条件抬高，再大度地降低

通常而言，在沟通谈判中让步是必要的。当双方僵持不下时，为了提高沟通效率，就要适当让步。

我看他什么时候让步。

我看她什么时候让步。

让步是必要的，而且一般都会产生一些效果。但让步需要讲究技巧，从而将其变成引导，确保对最后的沟通成果有利。

通常，有如下几种方式可以进行让步引导。

第一种最常见的方式是"先紧后松"，即先提出较高条件，再慢慢降低，先施与压力，再逐步减压。这种让步成交法，在掌握优势的一方手中使用，经常会奏效。但也需要谨慎低调，不能让对方察觉到你的真实用意。

另一种让步方式，是你在对一些重要问题无法让步时，可以利用其他的补偿方式，以此满足对方的要求。例如，客户要求降低价格，你无法同意，但可以提议延长付款期限。

为了做好让步沟通，你可以先不拿出所有条件，等到对方展现诚意后，再逐一拿出条件。只要拿出条件的时机选择得当，就能为沟通成功增加可能性。

有时，你还需要看出对方担心的事项，随后做出主动承诺。不过要注意，这些承诺必须是你真正能做到的。

无论何种让步，都不能一次性大幅度后退，否则会让对方产生提出进一步要求的想法。

在让步中，更应该强调自己难以退让的处境，从而让对方相信，你确实付出了足够的诚意和努力。

细节可以关注，不要"琐碎"

在选择沟通内容时，要注意避免"过度选择"的问题，否则会让双方越来越累。

在不同层面的沟通过程中，如果在某个方向上缺乏进一步深入沟通的意义和价值，或者双方难以达成一致，这样的沟通就必然是过度的。

例如，对某些无关大局的细节，一方反复提出，另一方反复解释，但最终却无法解决。

又如，在每次沟通中，都对上一次沟通后决定的事项进行核对确认，不放过每一个内容。

上述情况中的有关细节，并非会影响双方一致行动的重要问题。

客户在邮件里面列了八点……

不要讲太多细节，你要先归纳一下，客户的需求到底是什么。

或者，虽然细节问题确实能改进，但双方并不需要投入过多资源和人力来执行，否则成本投入和所获收益会失衡。对此，沟通者也应接受和认可。

他们已经确定了购买意向，细节谈多了反而出问题，不如先推进交易程序。

老哥，刚才你为什么没有让买卖双方继续谈细节？

其实，你完全可以出于推进沟通的目的，提出对这些细节的看法，但不予以深究。

这样，对方会了解到你对问题的关注程度，而你的大度又会无形中提醒他们将主要工作做好。

第九章　判别对方的谎言，掌握背后的真相

谎言总是让人厌恶，没有人喜欢被欺骗。但在沟通中，我们难免会遇到对方不愿意说出真相的情况。此时，我们应该如何识破别人的谎言呢？

看着对方说话，对方会因为说谎而改变姿态

其实，大部分谎言都会伴随出现身体姿态的改变，这就像犯罪者总会留下证据一样。

首先是表情。心理学家们发现，说谎者总是假装愤怒、激动、兴奋等，这些情绪来得很快，消失得也很快。

其次是小动作。说谎者常常会无意识地摸鼻子、耳朵、下巴等，甚至会假装咳嗽、捂嘴巴等。由于内心紧张和恐惧，他们试图通过掩饰表情这种方式，缓和类似的心理冲动。

最后是设置有利位置。说谎者即便没有多余的小动作，也会调整自身位置，例如下意识地靠向墙，或者将背包等挡在双方中间。

如果是在室内，对方总是观察门窗，也可能在说谎。因为他是在下意识地寻找"逃脱"路径，即便实际上并不可能这样做。

如果双方并不太熟，而对方总是直视你的眼睛，他很可能也是在说谎。因为他希望不间断地观察你的反映，或者以此证明他是诚实的。

如果面对询问时，对方的眼睛向右看，也有很大概率是在说谎。因为眼睛向右看是在协助左脑组织语言，而说真话的时候眼睛一般会直视或者向左看。

当然，我们不能完全凭某个动作就确定对方在说谎，还应进一步结合话语内容、事实情况进行判断。

逻辑混乱的表达，很可能是谎言

尽管人们说谎时经常会有相应的肢体动作，但更好的办法是从语言中寻找痕迹，我们要看穿那些逻辑混乱的表达。

说谎者喜欢冗长的解释或者描述，但面对问题时，他们的回答又倾向于简短。

人们在说谎时经常刻意忽略信息来源的时间、地点和具体人物等这些细节。如果你追问这些细节，他们很可能只会不断重复之前的描述，而说真话的人会不断加入新的具体信息。

偷换概念是常见的语言行为。说谎者喜欢把事情换一个角度来描述，但其本质是在遮掩真相。

另外，说谎者还喜欢重复问题。

你好好说清楚，你的私房钱藏在哪儿了？

私房钱藏在哪儿？我没有什么私房钱啊。

他们尤其喜欢用类似免责声明的表达方式，努力减少其他人的疑心。

这是在免责声明啊。

我也是听别人说的，不知道是真是假，听说……

如果是临时说出的谎言，语速往往比说真话的语速更快。

如果在话语中充满了"嗯""啊""这个"之类的停顿字眼，就更说明对方可能在说谎。

不敢多说自己，表明还藏着很多秘密

在生活中，如果你对任何人的任何话语都不加思考地接受，很可能因此陷入痛苦。你必须看破他们的秘密，才能掌握更多主动权。

我已经看穿你了。

啊，你好厉害。

想看破谎言，首先要设身处地去思考，想象如果你是他，你为什么会说谎。

这次的客户有些难缠啊。

他是想让我们更投入一些。

其中具体问题包括：说谎对他而言有什么好处？他想逃避什么责任或麻烦？他想得到什么收益？他希望误导你怎样想？他是否真的在试图影响你的选择？

为准确解答这些问题，你必须能真正理解对方，而不能对对方一无所知。

同时，为了掩盖说谎行为，对方会小心翼翼地避免让你看出问题的关键，因此他们习惯于闭口不谈自己。

普通人谈话会经常提到"我""我们",而说谎者则很少说自己,反而经常说"他们"。

说谎者尤其喜欢强调那些不确定的环境因素。

如果你想拆穿他们的秘密，可以直视他们的眼睛，并提出与其本人有关的问题。

当对方试图转移话题时，你可以紧追不放，也可以就此放手。你的选择应该根据具体沟通情境进行。

寻本溯源，暗示已识破对方说谎的心理

面对谎言，我们并不一定要揭穿。但很多时候，我们需要寻本溯源，暗示对方自己已识破他们的心理。

为此，我们需要掌握一些方法。

首先，解除防备心理。撒谎者在刚开始撒谎时，会对你产生很强的防范戒备心理。此时，我们应该避免触碰这种心理，若无其事地谈论其他事情，引诱对方说出全部谎言。

有时候，我们要假装相信对方的谎言，并提出一些配合对方的说法，从而探究他们更深的意图。

其次，我们要懂得打破对方说谎的逻辑。例如，不要按照时间顺序来提问，不要让对方有机会重新编造谎言。

当然，我们也可以提出一系列问题，其中大部分是无关紧要的，但少数几个却是关键问题。这样，对方就难以分辨其重要性。

最后，我们可以先转移话题，例如谈论说谎者想要的结果，随即再突然杀个"回马枪"，重新讨论谎言本身，这样对方很容易因为疏忽大意而露出破绽。

一旦对方因为上述步骤有所察觉，我们可以根据情况进行下一步沟通。如果问题比较严重，就应阻止他们继续说谎。

当然，戳穿谎言，本身是为了保护我们自己，而不是为了伤害对方。在大多数情况下，如果对方只是说了一些无关紧要的谎言，并不需要当面戳穿。

对方坐立不安，可能只是不够自信

在分辨谎言的过程中，常见的错误是将不自信者和说谎者混淆，导致产生一些沟通误会。

其实，不自信和说谎是有很大区别的，可以借助不同方法加以区分。首先是肢体语言上，不自信者往往在站姿、坐姿上就呈现出被动者的形象，他们会坐得很浅，或者站得不够直，但他们大都没有随时观察出口想要逃避的举动，也没有其他一些小动作。

其次是眼神。不自信者喜欢往下看，或者眼神左右摇摆，但没有那种经常向右看的表现。

最后是语言。不自信者说话会吞吞吐吐，会重复之前说的词语，但不会经常说"啊""嗯"这些无实际意义的语气词。

在语速上，不自信者会努力让语速平稳，不会刻意加快，这一点和说谎者有很大不同。因为前者往往是不知道说什么，而后者经常是编好了一套话语。

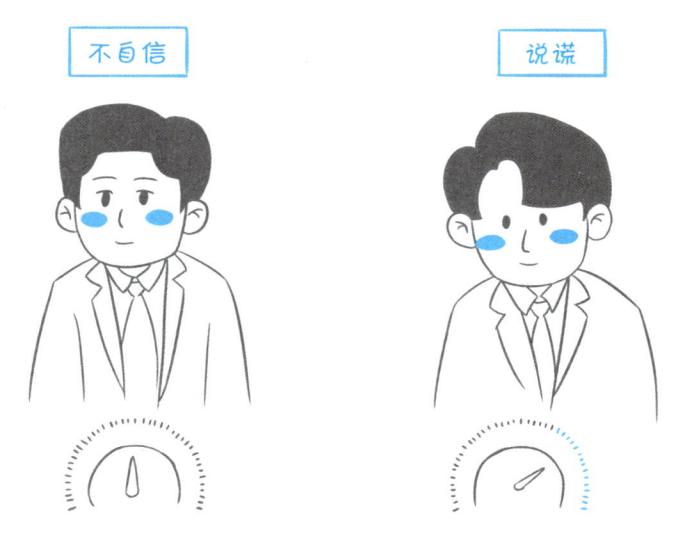

在称谓上，不自信者或者经常说"我"，也可能经常说"你"。当说"我"的时候，总是负面描述，而说"你"的时候则总是正面描述。但说谎者却闭口不提"我"，甚至不提"你"，而是提"他们"。

说谎者不喜欢描述细节,会刻意回避这些内容。不自信者心里想说清楚,但经常表达不出来。

掌握上述区分原则,我们就能有效识别不自信者和说谎者的言行。

第十章　敬人在细节，有礼有节

沟通是社交的重要内容，而礼仪也是社交不可缺失的部分。为了让沟通达到预想效果，我们就要在细节上注重礼仪，用小事来充分体现对他人的尊重。

握手时，轻轻扶着对方的手腕表示照顾

在沟通时，握手比单纯地说"你好"等问候语要更有意义。如果你正确掌握这一礼仪技巧，它就能发挥重要作用，否则就只会变成形式。

作为常规礼节，握手的具体方式有如下讲究。首先，与他人握手时，你要目视对方并面带笑容，还要及时问候对方。如果过于随意甚至敷衍，就会让对方觉得你并不尊重他们。

握手力度要适中。如果太轻会怠慢对方，如果太重会让人反感，认为你是在挑衅或有不良企图。

握手时应该起身站立，面向对方。在距离对方一米左右处伸出右手，与对方右手手掌相握。如果是同性，为表示尊重，可以轻轻托着对方手腕（对上级、长辈），也可以轻轻扶住对方手腕（对下级、晚辈），再上下晃动一两下。

握手时，地位较低、年龄较小的人应该主动走到对方面前。一般而言，要等地位较高、年龄较长的人主动伸手，才能握手。当然，如果是销售代表等社会角色，就应该等客户先伸手。

沟通中，如果有必要和多人握手，需要按职位和年龄的降序依次进行。

握手时间不应太长,也不能太短。如果对方是异性,时间则要更短一点;即便是同性,握手时间也不应超过三秒钟。

一般而言,不要用双手握手。很多人觉得这能代表尊重、热情,但除了老朋友以外,这样握手会显得太夸张,让对方心理不舒服。

谈话前后的手势，体现你的周到

沟通过程中，手势是最常见且最重要的肢体语言。许多沟通高手都曾专门训练手势，以获得独特的表达效果。

手势的运用也是沟通中的细节，一旦运用错误，很可能让人尴尬，甚至导致误解。因此，下面的原则必须牢记。

手势不能太多。虽然手势有很重要的作用，但也应该适度使用。过多使用手势，可能会给人留下手舞足蹈的印象，显得不够稳重。因此，普通沟通环境中使用的手势应优雅、适度而含蓄。

要尽量理解不同手势的内涵，以便在沟通过程中正确运用。一旦错用，很可能会导致沟通失败。

尤其在国外，很多手势有其独特的含义，同我们的日常理解并不一样。

不要过分追求新奇手势。某些手势会触犯到种族、民族或者宗教禁忌，从而毁掉原本和睦的沟通气氛。

当然，手势的作用不仅限于交谈过程中。在任何时候，手势都可以发挥其独特作用。例如，在谈话开始前，邀请客人进入室内时，手势能起到很好的引导作用。

谈话结束后，适当运用手势，也能向对方展现热情的态度。例如，主动起立，张开双臂，表示对沟通成果比较满意。如果是面对多人，可以做一些更明显的手势。

如果谈话结束后，双方仍存在分歧，也可以用表示遗憾的手势。

手势应充分配合你的语言，说到关键地方，可以用有力手势帮助体现其重要性。

无论何种手势，目的都在于要拉近沟通双方的距离。因此，手势既要表现出对于他人的尊重，也要体现出你的沟通意图。

提醒对方"小心台阶"，对方会瞬间感到温暖

在沟通过程中，无论沟通背景和谈话趋势如何，你都可以适当提醒对方一些细节问题。这样会让对方感到温暖，从而化解沟通阻力。

沟通前，可以提醒对方有关气候、温度、交通等事项。

沟通过程中，你不妨注意对方的身体、声音、情绪等状态，适时加以提醒。

此外，当对方翻阅材料、签字、盖章时，你可以适当给予帮助，例如，主动递笔、墨水、纸张等办公用品。

在沟通结束后，你还可以结合时间、环境等特定因素，进一步提醒对方其他注意事项。如果是比较亲密的人，可以提醒私人事项。

如果是在室外沟通，可以提醒对方注意安全。

提醒事项的细致程度，取决于双方关系。如果不是很熟悉的关系，没有必要总是提醒一些小事。

当对方提醒你某些事项时，你也应该及时表达谢意，从而拉近双方距离。

讲究用词，不同的场合有不同的作用

今天，一个人想要获得来自外部的充分认可，必须既能干，又会表达。会表达，意味着不仅要说得对，还要说得漂亮，即讲究用词。

在沟通中，意思差不多的话，可能有好几种说法，增减、更替几个字，都会带去不同的感受，产生不同的效果。

对于约定俗成的说法，要注意学习，避免由于不懂而闹出笑话。

当然，也要根据对方的身份、具体的环境来选词用语。

某些时候，可以选择简略而恰当的词语，来应对复杂的沟通场面。

即便是双方时间都比较紧张的沟通情形中，也应选择与其关系亲密程度相适合的词语来表达尊重。

机关工作人员和商务人员，应适当练习普通话。在工作中最好能坚持用标准的普通话同他人交流，这也是一种社交礼节。

用心选择词语，形成自己的社交词语库，你才能轻松应对不同场合的沟通，让沟通发挥不同作用。